A 21 ANS!

OU

L'AGONIE DE SCHOENBRÜNN,

Drame en un acte,

PAR MM. MERVILLE ET FRANCIS,

MUSIQUE DE M. ADRIEN,

REPRÉSENTÉ, POUR LA PREMIÈRE FOIS,
SUR LE THÉATRE DE L'AMBIGU-COMIQUE,
LE 19 AOUT 1832.

PRIX : 1 FR. 50 C.

PARIS.

J.-N. BARBA, LIBRAIRE,

PALAIS ROYAL, GRANDE COUR,
DERRIÈRE LE THÉATRE FRANÇAIS.

1832

PERSONNAGES.	ACTEURS.
Le duc DE REICHSTADT.	MM. Albert.
Le baron DE WOLBACH, secrétaire du duc.	Léon.
Le docteur STANDENHEIM, médecin du duc.	Thénard.
PAOLO TUDELI, lieutenant au régiment du duc.	Cullier.
Un inconnu, sous le nom d'HERMAN, jardinier du duc.	Montigny.
Le père ÉVERARD, jésuite.	Duplanty.
PETERS.	Francisque j*.
FRANCIA, fille d'Herman.	Mme Gautier.
Officiers, Seigneurs autrichiens, etc.	
Domestiques.	
Villageois et Villageoises.	

La scène est au château de Schœnbrünn.

———

Les acteurs sont placés en tête de chaque scène comme ils doivent l'être sur le théâtre : le premier inscrit tient toujours la gauche du spectateur, ainsi de suite.

IMPRIMERIE DE E. DUVERGER,
rue de Verneuil, n° 4.

A 21 ANS!

OU

L'AGONIE DE SCHŒNBRÜNN,

DRAME EN UN ACTE.

Le théâtre représente un salon ouvrant dans le fond sur des jardins spacieux. A droite et à gauche des portes conduisant aux appartemens du palais : pour meubles une table, un guéridon, des fauteuils, un canapé.

SCÈNE PREMIÈRE.

LE PÈRE ÉVERARD.

(*Au lever du rideau il est assis à une table et il écrit. — Moment de silence.*)

Là, signons; (*parlant tout en signant.*) le père Everard... cachetons. Mais pourtant je ferais bien de relire cette lettre; je l'ai écrite avec tant de hâte. (*Il lit à haute voix.*) « Très « révérend, je vous mandais hier que la dernière heure de « notre jeune malade sonnerait avant le retour du soleil sur « l'horizon; je m'étais abusé : la nuit a été calme, tran- « quille... elle a été excellente. Un mieux sensible s'est fait « sentir... (*Il corrige.*) s'est fait remarquer ce matin; nulle al- « tération dans les traits... un teint frais et rosé, un air de santé « et de vie... On dirait que la mort a réfléchi au moment de « frapper; qu'elle a laissé retomber la main prête à saisir sa « proie, et que rouvrant ses ailes lugubres elle s'est enfuie « loin du palais de Schœnbrünn. (*parlant.*) J'espère qu'on sera « content de ce style... (*lisant de nouveau.*) loin du palais de « Schœnbrünn; la joie est générale... parmi le peuple; quant à « moi, ma figure ne trahit pas mon cœur; je tâche de paraître

« aussi gai, aussi heureux que les autres. D'ailleurs ce n'est
« peut-être qu'un rayon de soleil qui a percé la nue; vif et bril-
« lant, il luit; mais luira-t-il long-temps? je ne le pense pas :
« quoi qu'il en soit, mon très révérend, je serai fidèle à mes
« engagemens. Je sens comme vous, comme nos amis des
« bords du Rhin, de la Vistule et de la Néva, ce qu'il y a d'in-
« quiétant dans cette existence; ce jeune homme n'ayant pas
« voulu être à nous ne peut plus être qu'à Dieu. L'art de la
« médecine est vaincu et forcé de le confesser. Du traitement
« physique, il se rejette sur le traitement moral; mais je dé-
« truis plus par un mot qu'il n'édifie avec mille; adieu, mon
« révérend père; ma tâche est pénible, mais je suis toujours
« admirablement secondé par le secrétaire de mon jeune péni-
« tent et par tous les honnêtes gens d'ici, qui sont en grand
« nombre, surtout à la cour.
« J'ai l'honneur d'être, etc. »

(*Il plie sa lettre, la cachette et met l'adresse.*)

SCÈNE II.

LE PÈRE ÉVERARD, LE BARON DE WOLBACH.

LE BARON, *paraissant à la porte du fond et indiquant le père Everard.*
Ah! il est encore là!

ÉVERARD.

Qu'est-ce?

LE BARON.

Mon père...

ÉVERARD.

Déjà vous, monsieur de Wolbach!

LE BARON.

Déjà! je craignais de vous avoir fait attendre.

ÉVERARD.

Je finis ma lettre à l'instant même.

LE BARON.

Vous avez écrit longuement, à ce qu'il paraît.

ÉVERARD.

Oh! longuement... au fait, je suis entré dans quelques détails.

LE BARON.

Avez-vous eu la bonté de parler de moi à sa révérence?

ÉVERARD.

Jamais je ne lui écris sans faire votre éloge; si ma lettre n'était pas cachetée, je vous ferais voir en quels termes je m'exprime à votre égard; mais son altesse, où est-elle en ce moment?

LE BARON.

Toujours dans ses jardins... le grand air... le soleil... la verdure,.. le parfum des fleurs, tout récrée et ravit son ame; le docteur Standenheim vient de lui prescrire d'y rester encore quelques momens; cela n'aboutira à rien; moi, sous prétexte d'expédier certaines dépêches, je suis accouru vous rejoindre. Nous sommes seuls, nous pouvons parler sans être dérangés.

ÉVERARD.

Écoutez-moi donc attentivement.

LE BARON.

Je suis tout oreilles.

ÉVERARD.

J'ai oublié de vous demander une chose. Vous sentez-vous, indépendamment du schisme et de l'hérésie, beaucoup d'affection pour l'empereur moscovite et pour sa majesté prussienne?

WOLBACH.

J'aime beaucoup ces deux excellens monarques, par la grande raison qu'ils sont très absolus, et qu'ils ne connaissent chez eux d'autre loi que leur bon plaisir.

ÉVERARD.

Bien.

WOLBACH.

L'empereur vivra dans la mémoire; il doit être cher à tous les gens de bien pour sa belle conduite à Varsovie.

ÉVERARD.

Oh! conduite admirable.

WOLBACH.

Le roi de Prusse n'est pas à cette hauteur; mais je ne lui dois pas moins de respect et d'amour : il est mon légitime souverain : je suis né dans les états de Prusse, mon père. J'ai servi Napoléon pendant un temps...

ÉVERARD.

Moi aussi.

WOLBACH.

C'était un diable d'homme que ce Napoléon. Il avait eu la scélératesse de préserver mes propriétés du pillage après la bataille d'Iéna, et en outre de me faire une pension de trois mille thalers.

ÉVERARD.

Le monstre!

WOLBACH, *continuant*.

On ne veut pas paraître ingrat. Je fus tout à lui jusqu'au moment où notre brave général Yorck le trahit. Ma pension cessa, je redevins libre et fidèle à mon souverain légitime.

ÉVERARD.

Je reçus aussi une pension de ce génie du mal; mais je n'eus pas la même faiblesse que vous. Je ne lui fus pas fidèle un quart-d'heure.

WOLBACH.

Je n'étais qu'un pauvre jeune homme isolé; vous...

ÉVERARD.

J'étais de la compagnie de Jésus, c'est vrai. Mon frère, je ne vous fais pas un crime de votre fidélité. Vous en avez été absous, et je suis persuadé que c'est une faute dans laquelle vous ne retomberez pas.

WOLBACH.

Ah! je vous le jure.

ÉVERARD.

Ne jurez pas. Vous devez éprouver le désir de revoir les lieux où vous êtes né, ce que vulgairement on nomme la patrie.

WOLBACH.

Oh! un vif désir.

ÉVERARD.

Je dois vous déclarer qu'une correspondance a été entamée à ce sujet entre notre révérendissime général (*Ils s'inclinent tous les deux.*) et nos bons frères des provinces rhénanes. Monsieur de Wolbach, vous retournerez dans les lieux que vous regrettez quand vos services auront cessé d'être utiles à votre jeune maître, à mon jeune pénitent... en un mot, quand le *Fils de l'Homme* ne sera plus.

WOLBACH.

Ah! que cet heureux moment arrive donc bientôt!

ÉVERARD.

Qu'il arrive bientôt! Nous ne pouvons que former des vœux,

SCÈNE III.

LES MÊMES, PETERS.

PETERS, *à part.*

Oh! le secrétaire et le révérend père confesseur.

WOLBACH.

Qu'est-ce?... qu'y a-t-il, monsieur Peters?

PETERS.

Monsieur le baron, c'est des pots, c'est des vases; le jardinier Herman me les a donnés pour apporter ici, parce que, dit-il, mamz'elle Francia va venir y mettre des fleurs.

ÉVERARD, *bas à Wolbach.*

Cette Francia, cet Herman ont été admis bien aisément ici. D'où viennent-ils?

WOLBACH.

Du Tyrol, à ce qu'ils prétendent; c'est le docteur Standenheim qui les a fait admettre.

ÉVERARD.

Ce Standenheim se mêle de bien des choses.

WOLBACH.

Heureusement cela ne durera pas long-temps.

ÉVERARD.

Heureusement, comme vous dites fort bien. Venez.

SCÈNE IV.

PETERS, *puis* HERMAN, FRANCIA.

PETERS.

Je vous demande un peu de quoi ils se mêlent eux-mêmes; qu'est-ce que ça leur fait que ce brave père Herman vienne du Tyrol ou d'ailleurs? Moi, je crois plutôt que c'est d'ailleurs parce qu'ils se disent quéqu'fois des mots... mais ce n'est pas à moi de les trahir. O Dieu! moi qui aime tant mam'zelle Francia... moi, fils... fils légitime et naturel du gardien de la ménagerie de Schœnbrünn... je lui offrirais ma main, je crois, si ce n'était pas me mésallier, et si mon père y consentait. La voici! oh! oh!

HERMAN.

Allons, Francia, allons, ma fille, hâtons-nous; arrange cela dans ces vases avec le plus de goût possible.

FRANCIA.

Où sont-ils? (*Elle les voit dans les bras de Peters.*) Ah! monsieur Peters.

PETERS.

Ah! eh bien! quoi?

FRANCIA.

Donnez, s'il vous plaît.

PETERS.

Donner! ô Dieu! commandez; tout ce que je pourrai vous donner légitimement, je suis prêt...

FRANCIA.

C'est cela que je vous demande.

PETERS, *très étonné*.

Ça!

HERMAN.

Eh! oui, ces vases que vous tenez là.

PETERS.

Ah! les voilà, les voilà; moi, je pense toujours à tant d'autres choses...

(*On arrange les fleurs.*)

HERMAN.

Etageons ces roses, ces lauriers.

PETERS.

C'est des greffes apportées de France, n'est-ce pas?

HERMAN.

Oui.

PETERS.

Je n'aime pas, moi, ce qui vient de France, surtout les lauriers.

FRANCIA.

Pourquoi donc cela, mon cher Peters?

PETERS.

Dame! je ne sais pas, moi.

HERMAN.

Allez, allez, mon ami, les Français ont tant moissonné de lauriers ici que s'ils vous en envoient quelques-uns, ce n'est qu'une sorte de restitution.

PETERS.

Ah! c'est différent, je conçois ça.

FRANCIA.

Ce bon Peters!

PETERS.

C'est pas l'embarras, depuis sa maladie, monseigneur ne pouvait pas souffrir les fleurs; s'il les r'aime à présent, c'est un bon pronostic.

HERMAN.

Très bon, très bon, n'en doutons pas; le bon jeune homme est sauvé.

PETERS.

Ah! que le grand Dieu du ciel vous entende!

FRANCIA.

Vous l'aimez donc bien aussi, vous?

PETERS.

Si je l'aime, moi! Tenez, mamz'elle, je tiens beaucoup à mon existence, j'y tiens de toutes mes forces. Eh bien! on me dirait là, tout à l'heure: Peters, donne ta vie pour conserver celle du duc de Reichstadt; je répondrais tout de suite: Prenez, sulement ne faites pas languir.

FRANCIA, *lui tendant la main.*

Peters, c'est beau, cela; c'est bien beau, mon ami.

PETERS.

Ah! dame! voilà comme je suis. (*à part.*) Elle m'a dit: Mon ami! Une bonne action a toujours sa récompense.

UNE VOIX, *dehors.*

Peters! Peters!

PETERS, *répondant à Francia.*

Plaît-il?

FRANCIA.

Ce n'est pas moi qui vous appelle.

HERMAN.

C'est la voix de monsieur le grand-maître du palais.

PETERS.

Ce n'est pas tout-à-fait la même chose que la vôtre. N'importe, j'y vais, car monsieur le grand-maître est très brutal, et il n'aime pas à attendre. Je vous laisse. O Dieu! si je n'avais pas autant de respect et d'amitié pour mon père! ou si j'avais le bonheur d'être orphelin!

LA MÊME VOIX.

Peters! Peters!

PETERS, *sortant.*

On y va, on y va.

SCÈNE V.

LES MÊMES, *hors* **PETERS.**

FRANCIA.

Eh bien! mon père?

HERMAN.

Eh bien! ma chère enfant, nous devons reprendre courage, rouvrir nos cœurs à l'espérance; tu as entendu ce qu'a dit le docteur, il le regarde hors de danger.

FRANCIA.

Ce n'est pas à nous que l'excellent homme a dit cela, c'est à la tourbe importune des oisifs et des courtisans, à qui une vérité plus cruelle eût peut-être causé une odieuse joie.

HERMAN.

Pauvre Francia! l'œuvre à laquelle nous nous sommes voués est une œuvre de patience, de courage et de douleur. Tenons-nous préparés à tous. Nous avons tout quitté: notre patrie, notre fortune; nous vivons ici, comme des malfaiteurs, dans la crainte perpétuelle d'être découverts et punis, pour nous être dévoués et avoir suivi la franche inspiration de nos cœurs. Espérons, ma fille, espérons pourtant; mais gardons-nous d'une tristesse qui pourrait nuire à l'accomplissement de nos devoirs.

FRANCIA.

Ah! tant de sacrifices auraient-ils été faits à pure perte!

HERMAN.

Non; songe aux services que nous avons rendus, aux douleurs que nous avons eu si souvent le bonheur d'adoucir. L'évè-

A 21 ans.

nement que tu crains peut arriver et nous tuer ; mais une pensée consolante nous suivrait jusque dans notre tombe : celle d'avoir fait du moins tout le bien que le ciel nous avait laissé la puissance d'accomplir.

FRANCIA.

Hélas !

HERMAN.

Chasse tes idées noires, sois gaie ; tu ne sais pas : le jeune Paolo Tudeli, qui partage nos sentimens et dont le cœur s'entend si bien avec les nôtres...

FRANCIA.

Eh bien !

HERMAN.

Ce jeune Italien, lieutenant au régiment du duc, si épris de l'amour de sa patrie, je crois qu'il nous a devinés ; il m'a parlé.

FRANCIA.

Et... que vous a-t-il dit ?

SCENE VI.

LES MÊMES, PETERS, *puis* LE DUC, PAOLO, LE DOCTEUR, LE PÈRE ÉVERARD, WOLBACH, OFFICIERS, DOMESTIQUES, etc.

PETERS, *accourant.*

Ah ! mon Dieu ! ah mon Dieu !

FRANCIA.

Qu'y a-t-il ?

PETERS.

Venez, venez : du secours ? le prince...

HERMAN.

Achevez donc ?

PETERS.

Le duc... tout à l'heure... sans connaissance...

FRANCIA.

Ah ! courons.

HERMAN.

Grand Dieu !

(*Le duc paraît, soutenu par le docteur et Paolo.*)

PETERS.

Tenez ! tenez !

LE DUC, *à Paolo.*

Merci, mon ami, merci, docteur ; je me sens mieux... cette promenade a été un peu trop prolongée.

PAOLO.

J'en avais fait l'observation à votre altesse.

WOLBACH.

Moi aussi.

ÉVERARD.

Moi, j'avais pensé à la faire.

LE DUC, *souriant*.

Une grande preuve de zèle, mon révérend père; mais j'avais l'oracle auprès de moi; du moment que le docteur ne disait rien. (*au docteur.*) Vraiment, cher Standenheim, je me sens bien; oui, je suis remis, tout-à-fait remis. (*à Wolbach et au père Éverard.*) Cela vous fait bien plaisir, messieurs?

ÉVERARD et WOLBACH.

Ah! monseigneur!

LE DUC.

C'est bien, c'est bien; messieurs, je vais rentrer, vous pouvez vous retirer; Herman, porte ces fleurs là-dedans. (*Herman prend les vases de fleurs et sort par la droite.*) Francia, Paolo a quelque chose à te dire de ma part. Docteur, votre bras?

(*Le duc et le docteur sortent par la droite, les autres par le fond.*)

SCÈNE VII.

PAOLO, FRANCIA.

PAOLO.

Aimable Francia, permettez-moi de mettre à profit les courts instans qui me sont laissés. Je ne vous ai point fait connaître les secrets sentimens de mon cœur, et je ne les ai point trahis... mais ils ont été découverts par celui auquel vous et moi nous sommes dévoués. Il les autorise, il les approuve, et il m'a ordonné de vous en offrir l'hommage. Mais je ne veux point que le désir qu'il a témoigné devienne pour vous une obligation pénible; c'est de vous seule, de votre libre volonté que je serais heureux de vous obtenir.

FRANCIA.

Paolo, votre délicatesse ne me surprend point, mais elle m'oblige à être sincère. Vos sentimens m'honorent, ils me flattent... et je ne puis que les agréer. Mais dans quels momens venez-vous me les découvrir! Ah! mon ami, nous parlons sur un tombeau de bonheur et d'amour.

PAOLO.

Vous n'avez pas entendu monsieur de Standenheim? une heureuse révolution s'est opérée dans l'état du prince; il regarde son retour à la santé comme certain.

FRANCIA.

Eh bien! je suis trop heureuse de le croire pour en douter. Mais attendons que le temps ait confirmé cette heureuse prédiction pour reparler de ces projets.

PAOLO.

Mais, chère Francia...

FRANCIA.

Monsieur de Tudeli, ce que je viens de vous exprimer est ma dernière, mon irrévocable résolution.

PAOLO.

Je m'y soumettrai; mon plus grand bonheur sera toujours de vous complaire et de vous obéir. (*Il lui baise la main.*)

SCÈNE VIII.

LES MÊMES, LE DOCTEUR, HERMAN.

LE DOCTEUR.

Le duc est seul; il prie monsieur Tudeli de se rendre auprès de lui.

PAOLO.

J'y cours. (*à Francia.*) Je vais lui faire part de mon bonheur.

SCÈNE IX.

LE DOCTEUR, HERMAN, FRANCIA.

HERMAN.

Eh bien! Francia, ce jeune homme t'a parlé. J'avais deviné, n'est-ce pas?

FRANCIA.

Il est vrai, mon père : je n'ai pu rejeter ses vœux; mais j'en ai ajourné l'accomplissement à un temps... (*au docteur.*) Docteur, ce que j'entends, ce qu'on vous fait prédire, ne peut me rassurer si je ne l'apprends moi-même de votre bouche. Parlez-moi sincèrement en présence de mon père dont vous connaissez le dévouement et la fermeté. Est-il bien vrai qu'une heureuse révolution se soit opérée dans la situation de notre jeune malade, et que son retour à la santé vous paraisse hors de doute?

HERMAN.

Je donnerais ma vie pour qu'il en soit ainsi.

LE DOCTEUR.

Que ne puis-je vous laisser cette espérance! vous la garderiez trop peu de temps; et le coup inattendu dont vous seriez frappés vous causerait plus de peines que mes vains ménagemens ne vous en épargneraient.

HERMAN.

Monsieur Standenheim!

FRANCIA.

Oh! vous voyez si je me défiais à tort!

LE DOCTEUR.

Ames nobles et désintéressées qui avez déjà fait tant de sacrifices à vos sympathies, à vos pures affections, apprêtez-vous pour votre plus grand effort! (*Il leur prend les mains.*)

FRANCIA.

O Dieu!

LE DOCTEUR.

J'ai dû vous taire l'affreuse vérité en présence de ces hommes cruels que mes paroles eussent comblés d'une joie atroce. Il faut que vous sachiez tout, l'impuissance de mon art et mon désespoir, et ce qui doit faire le vôtre.

FRANCIA.

Je frémis!

HERMAN.

Le froid de la mort a pénétré jusqu'à mon cœur!... Parlez, cependant; parlez, monsieur.

LE DOCTEUR.

Eh bien! mes pauvres amis, les souffrances de celui auquel vous vous êtes dévoués touchent à leur terme. Le mal qui le dévore a atteint son dernier période... bientôt... demain... dans quelques instans peut-être... son cœur généreux aura cessé de battre; l'intelligence ne résidera plus sous ce front noble et pur où elle brillait d'un éclat divin; et le feu des sublimes pensées s'éteindra dans cet œil d'aigle où il semblait brûler pour un plus long avenir.

HERMAN.

Quoi! plus d'espoir?... Quoi! lui qui s'était joué dans son berceau avec des couronnes! lui que le ciel avait marqué pour de si grandes destinées!

LE DOCTEUR.

Il ne l'avait marqué que pour de grandes infortunes.

FRANCIA.

Oh! à vingt et un ans!

LE DOCTEUR.

Songez qu'il y en a dix-huit de misères et d'exil : c'est une longue existence.

FRANCIA, *pleurant.*

Mais sa gloire?... mais ce que le monde attendait de lui?

LE DOCTEUR.

Ce n'est pas à lui qu'il en sera demandé compte.

FRANCIA, *pleurant.*

Ah! docteur, que votre compassion pour nous a été cruelle!

LE DOCTEUR, *les consolant.*

Cachez vos larmes, imposez silence à votre douleur. C'est dans vos regards que votre jeune ami cherchera à lire son sort. Il serait cruel à vous de l'en instruire. Malgré la fermeté de son ame, la certitude d'un anéantissement prochain lui serait sans doute un coup plus rude que la mort elle-même; car la mort s'approchera doucement de lui; et mon art me trompe, ou il passera de cette vie à l'autre comme on passe d'une veille fatigante à un sommeil doux et paisible. Je vais être obligé d'informer la cour de son état: si elle en abuse pour rendre ses derniers momens amers, cela sera digne d'elle; mais qu'elle en ait seule la honte.

FRANCIA, *à part.*

Oh! malheur! malheur sur nous qui lui survivrons!

LE DOCTEUR, *à Herman.*

Venez; il me reste à m'entendre avec vous sur des détails qui demandent la fermeté et le courage d'un homme.

HERMAN, *abattu.*

Du courage!... ah! monsieur, je crains que vous ne présumiez beaucoup de moi.

LE DOCTEUR, *à Francia.*

Demeurez ici; attendez-nous. Fuyez la présence du jeune mourant : si le hasard vous faisait paraître devant lui, songez qu'il faut mentir à votre douleur, faire taire vos sentimens les plus profonds, et aller même jusqu'à feindre le calme et la sérénité.

FRANCIA.

Comptez sur moi. Cet effort même... je m'en sens la force... le courage. Oui, pour lui je saurai faire sourire ma bouche et mes regards quand la mort sera là... là, dans mon cœur avec toutes ses tortures.

HERMAN, *l'embrassant.*

Ma pauvre enfant! (*Il pleure.*) Nous sommes bien malheureux!

LE DOCTEUR.

Venez, venez.

HERMAN.

Allons, monsieur. (*Ils sortent.*)

SCÈNE X.

FRANCIA, *seule.*

Quoi! plus d'espoir!... quoi! c'en est fait! il va mourir!... celui en qui j'avais placé toute la joie, tout le bonheur de mes jours à venir !... Oh ! j'aimais sa vie plus que la mienne !... Les nombreuses années promises à ma jeunesse, je les aurais données, sacrifiées avec délices pour ajouter aux siennes. Non, il mourra ! il faut qu'il meure ! l'arrêt est prononcé. On vient... c'est lui ! je l'entends ; je reconnais son pas. O mes larmes ! O douleur amère ! disparaissez de mes yeux, de mon front ; rentrez là, là : écrasez-moi, mais ne l'affligez pas.

SCÈNE XI.

LE DUC, FRANCIA.

LE DUC.

Ah ! Francia, c'est toi. Je viens de voir passer ton père et le docteur, je suis venu. Tu ajournes le bonheur de Paolo à un temps trop éloigné peut-être : nous reparlerons de cela... Je veux que Paolo soit heureux ; je veux que tu le sois aussi. Tiens, j'aime à être ainsi auprès de toi, seul avec toi : ta présence m'est plus chère que je ne saurais dire. Comme moi, tu es sur la terre de l'exil. Ton père m'a dit que l'Autriche n'était pas ta patrie... Ah ! loin de sa patrie comment trouver la force et le courage de vivre !

FRANCIA.

Vous reverrez la vôtre.

LE DUC.

La mienne, la France ! ma belle et noble France qui a salué mon berceau de ses cris d'amour et de joie ; la France que j'ai aimée avant de la connaître, avant de savoir combien elle devait m'être chère !

FRANCIA.

Oui, oui.

LE DUC.

Ah ! je mourrai sans l'avoir revue !... je meurs parce que je suis éloigné d'elle.

FRANCIA.

Vous mourez, dites-vous ? Non. Pourquoi donner accès à ces tristes pensées ? Ah ! monseigneur !

LE DUC, *la consolant.*

Non, Francia, non : le terme de ma vie n'est pas si proche ; j'ai tort de le dire, de le supposer : cela te fait de la peine !... Tu viens de voir le docteur ; il t'a dit que j'étais mieux, n'est-ce pas ? que j'étais sauvé ?

FRANCIA.

Oui, oui ; voilà ce qu'il faut bien vous persuader, monseigneur.

LE DUC.

A mon âge, vois-tu, à vingt-un ans !... la nature a tant de ressources ! Oh ! je ne désespère pas... Toi, non plus ?

FRANCIA.

Non, sans doute.

LE DUC.

Sois donc gaie.

FRANCIA.

Je le suis, je le suis, monseigneur, voyez.

LE DUC.

Ta bouche sourit... Mais il me semble que je vois des larmes dans tes yeux?

FRANCIA.

Point du tout, point du tout... (*se couvrant les yeux de son mouchoir.*) Ou, alors, ce sont des larmes de joie, de bonheur!...

LE DUC.

Bien, bien! (*Il l'entoure de ses bras.*) Bonne et aimable Francia, je connais tes sentimens pour moi, tu m'es dévouée...

FRANCIA.

Ah! monseigneur!

LE DUC, *avec abandon*.

Francia, nous sommes seuls, donne-moi ce nom que tu aimes, ce nom glorieux qui est le mien... ce nom dont ils m'ont déshérité ici, parce qu'il leur fait peur... appelle-moi Napoléon!

FRANCIA, *tombant à ses genoux*.

Napoléon! Napoléon!

LE DUC, *après l'avoir relevée et pressée dans ses bras*.

Ah! le monde m'a nommé ainsi : Napoléon, le roi de Rome! et j'eusse été digne de ce nom, je le sens! Je n'aurais point trahi les espérances de la grande nation! Tout le bonheur que mon père avait rêvé pour elle... je le lui aurais donné! Et il faut mourir... consumé par ces brûlantes pensées qu'on a su rendre vaines... et il faut mourir obscur!... Non, plus Napoléon, non, plus roi de Rome... non, plus Français... mais Autrichien... exilé, captif... flétri sous un de leurs noms sans éclat et sans gloire! Ah! c'est trop de malheur; c'est souffrir plus d'une mort! (*Il tombe accablé sur le canapé.*)

FRANCIA, *pleurant*.

Oh! ne vous exaltez pas ainsi, vous altérez votre santé, vous abrégeriez vos jours!

LE DUC, *souriant tristement*.

Je les *abrégerais*, dis-tu?...

FRANCIA.

Monseigneur... mon prince... Napoléon! bannissez de sombres pensées! vous croyez ce que je vous ai dit... que le docteur a bonne espérance... et que votre état a cessé d'être inquiétant.

LE DUC.

Ce que tu me dis me plaît, me touche, j'aime à y croire. Va, laisse-moi seul... (*Elle hésite à le quitter; sur un signe qu'il lui fait elle s'éloigne, en témoignant alternativement sa douleur, et une gaîté feinte quand il la regarde.*)

SCÈNE XII.

LE DUC, seul.

Ils s'entendent pour me tromper... ils cachent leurs inquiétudes pour ne pas éveiller les miennes. Ah! je ne me trompe pas, moi... je sens... que la mort est là... (*Il met la main sur sa poitrine et se lève.*) Là est le siége des passions... là fermentent les désirs ardens, ceux qui consument quand ils ne sont pas satisfaits... O gloire! ô France! ô patrie!... Le dernier de mes jours à lui... ç'en est fait! Oh! pourquoi suis-je né! (*Il retombe sur le canapé.*) Quelle solitude autour de moi! Je ne presserai donc pas en mourant la main d'un ami, d'un compatriote... d'un Français! (*Il entend venir.*) Que me veut-on?

SCÈNE XIII.

LE DUC, LE DOCTEUR.

LE DUC.

Ah! c'est vous, mon cher Standenheim?

LE DOCTEUR.

La jeune Francia m'envoie auprès de votre altesse royale : elle m'a dit qu'un accident soudain...

LE DUC.

Le tendre intérêt qu'elle me porte le lui a exagéré. Je n'ai rien éprouvé d'extraordinaire. (*Il présente son pouls au docteur.*) Voyez, mon sang ne circule-t-il pas avec calme? mes artères ne battent-elles pas avec régularité? (*avec amertume.*) Mes forces sont épuisées... mes sens ont perdu leur activité et leur énergie... il me semble que l'air manque à mes poumons... ou mes poumons à l'air pur qui m'environne. L'affaissement, la décrépitude, un affreux marasme a jeté sur moi son poids écrasant. Mais cela n'est rien, cela ne doit pas m'inquiéter. (*lui prenant la main et douloureusement.*) N'est-ce pas, docteur? je n'ai que vingt-un ans!...

LE DOCTEUR.

Mon prince, éloignez ces tristes pensées contre lesquelles mon art serait impuissant.

A 21 ans.

LE DUC, *se levant.*

Standenheim, vous avez été mandé à la cour. Que voulait-on de vous? un rapport sur l'état de ma santé?

LE DOCTEUR.

Monseigneur...

LE DUC.

Quel a été ce rapport? qu'avez-vous dit? répondez.

LE DOCTEUR.

Mais votre altesse suppose...

LE DUC.

Je lis dans tes regards, bon et loyal Allemand : le mensonge te coûte... Un enfant y serait plus habile que toi. Standenheim, vous avez annoncé ma mort prochaine...

LE DOCTEUR.

Mais, monseigneur...

LE DUC, *sans l'écouter.*

Quelqu'un a été péniblement affecté... un vieillard auguste qui m'aime et que la nature m'ordonne de révérer et de chérir... le reste... hein? Le reste a trouvé que c'était un grand embarras de moins pour l'empire. Ils devinent qu'en dépit d'eux il y a dans mon ame de l'écho pour les cris de liberté qui se font entendre dans le monde...

LE DOCTEUR, *lui baisant la main en pleurant.*

Oh! mon prince! (*à part.*) Infortuné!

LE DUC, *continuant.*

Le moment... fatal... approche...

LE DOCTEUR.

Quoi! que ressentez-vous?

LE DUC.

Leurs vœux de mort... seront prévenus... peut-être.

LE DOCTEUR, *à part, en lui serrant la main.*

Grand Dieu! (*haut.*) Calmez-vous, ce n'est qu'un instant de crise, un effort que fait la nature.

LE DUC.

Oh! oui, la nature... elle résiste; elle ne veut pas la destruction de son ouvrage... mais son ouvrage... sera détruit. (*souffrant.*) Ah! je meurs... cher Standenheim... si j'avais pu... être sauvé... je l'eusse été... par vous... je n'en doute point... Ceux qui m'aimaient honoreront votre mémoire; ils voueront à votre nom... autant d'estime... qu'ils avaient d'amour pour moi. Je meurs... je meurs.

LE DOCTEUR.

Non, non... (*Il lui présente un flacon.*) Respirez ce cordial. *à part.*) O mon Dieu! pas encore!

LE DUC.

Oui, cela me fait du bien. Ah! cher Standenheim, il serait un autre cordial... plus puissant que celui-ci.

LE DOCTEUR.

Je n'en connais point.

LE DUC.

Ah! si à l'instant douloureux que je sens s'approcher... et me saisir... ma main défaillante pouvait presser... une main amie... la main d'un Français!

LE DOCTEUR, *vivement*.

Ce n'est point pour répondre à vos tristes prévisions, pour les autoriser; mais je puis en effet vous donner cette consolation, verser encore ce baume sur vos douleurs.

LE DUC, *se levant*.

Comment!

LE DOCTEUR.

Jusqu'ici la prudence m'avait fait une loi de ne pas trahir ce secret important.

LE DUC.

Expliquez-vous.

LE DOCTEUR, *baissant la voix*.

Il y a dans ce palais, auprès de votre altesse, deux cœurs fidèles et dévoués. Pour vous prouver leur attachement, rien ne leur a coûté; leurs noms changés, leur condition dégradée... ils se sont soumis, prêtés à tout.

LE DUC.

Des Français! des Français! où sont-ils? conduisez-moi vers eux, faites-les venir. (*Herman et Francia entrent.*)

LE DUC.

Tenez, tenez, les voici, ce sont eux.

SCÈNE XIV.

LES MÊMES, HERMAN, FRANCIA.

LE DUC, *courant à eux et les pressant dans ses bras*.

Herman! Francia (*Pause.*) Vous êtes Français! oh! oui... oui... vous êtes des Français... je le vois... je le sens... tout me le dit... ô bonheur! bonheur! (*Nouvelle pause.*) Standenheim, Standenheim... dans cet instant de joie et d'ivresse, il me semble que je renais, que je revis... Herman, Francia, mes amis.. que n'ai-je su plus tôt que vous étiez des compatriotes!... mais dites, dites-le-moi... Pourquoi, pour quel motif êtes-vous venus ici, qui vous y a amenés?

HERMAN.

Notre amour pour vous.

LE DUC.

Votre amour! eh quoi! moi qui, enfant, fus exilé de la France, moi qui n'ai rien fait... jamais pu rien faire pour les Français... je vous ai inspiré à tous les deux un sentiment assez vif, assez profond pour que vous vous soyez arrachés à vos affections de famille et de patrie, pour que vous vous soyez voués aux privations... à l'exil!

HERMAN.

En même temps que vous, mon prince, nous avons quitté la France.

LE DUC.

Comme moi vous fûtes donc proscrits?

HERMAN.

Non; vous partiez, je suis parti aussi... je voulais respirer le même air que vous... je voulais vous voir... vous servir... j'ai pris avec moi cette enfant... ma Francia... ma fille chérie... Elle aussi elle devait vivre aux lieux que vous habitiez... elle aussi elle devait vous voir, vous servir... mais, hélas! pendant dix-sept ans, dix-sept ans de suite notre espoir a été déçu, nos vœux ont été vains... nos efforts inutiles... Pendant dix-sept ans nul moyen d'arriver jusqu'à vous... Enfin le sort a cessé de nous être contraire, et depuis près d'une année Francia et moi nous sommes au comble du bonheur.

LE DOCTEUR.

C'est moi qui les ai introduits auprès de votre altesse; c'est moi qui, pour détourner tout soupçon, pour rendre plus impénétrable le voile qui devait les envelopper, ai décoré cet honnête homme du beau nom d'Herman, le plus noble que connaisse notre bonne et vieille Allemagne.

LE DUC, *vivement à Herman.*

Ami, ton nom... ton nom de Français!

HERMAN.

Je me nomme Pierre Lenoir.

LE DUC.

Lenoir! ce nom m'est connu... et même il m'est bien cher.

FRANCIA, *à part.*

Il n'a point oublié ma mère!

LE DUC.

C'est le nom de celle qui me prodigua des soins, des caresses maternels... qui calma mes souffrances premières... qui apaisa mes cris d'enfant par un sourire, par un baiser... qui me berçait, qui m'endormait aux chants de gloire des Français victorieux... C'est le nom de celle qui fut ma seconde mère... Vous pleurez... grand Dieu! seriez-vous de ses parens?

HERMAN.

Ah! mon prince...

LE DUC.

Répondez, répondez donc.

FRANCIA, *tombant à genoux.*

Mon prince, je suis sa fille.

LE DUC.

Sa fille! qu'entends-je? (*relevant Francia.*) Francia! toi! toi, sa fille! toi, presque ma sœur! (*Il l'embrasse; à Herman.*) Viens, viens aussi...

HERMAN, *se jetant dans les bras du duc.*

Ah!

LE DUC.

Tous les deux, là, dans mes bras; ah! je puis mourir maintenant! j'ai avec moi des Français, des amis, une famille!

SCÈNE XV.

LES MÊMES, LE PÈRE ÉVERARD, *ensuite* PAOLO.

ÉVERARD.

Salut, mes frères; je viens ici remplir la tâche la plus importante de mon ministère; avant que la cour se rende en ce palais, je viens... sortez tous, laissez-moi seul avec son altesse, avec mon pénitent.

LES AUTRES.

Nous retirer, nous!

ÉVERARD.

Il le faut.

LE DUC, *les retenant.*

Demeurez... (*au père Éverard.*) Que me voulez-vous, mon père?

LE DOCTEUR, *à part.*

Ah! tout le fruit de mes soins est perdu.

ÉVERARD.

Mon fils, on a dû vous dire que Dieu avait jugé à propos de mettre un terme aux jours que sa bonté vous avait donnés. Il vous rappelle à lui; je viens vous aider à paraître en sa présence.

(*Ici entre Paolo qui, étonné, va se placer auprès de Francia.*)

LE DUC, *affaibli.*

Mon père... on ne m'avait rien dit... mais mon sort... cependant... ne m'était pas inconnu. Vous venez, dites-vous...

(*Il tombe accablé sur le canapé.*)

ÉVERARD.

Je viens faire avec vous le dernier examen de votre conscience, vous réconcilier avec celui...

LE DUC.

Qui ne demande... qu'une larme... qu'un repentir... au pécheur... moi... victime des fureurs... de l'ambition... et de la trahison... des autres... comment... aurais-je pu... offenser... cet être si grand... si juste... si bon... Comment aurais-je besoin... de me réconcilier avec lui... et comment... vous... seriez-vous... un digne intermédiaire... entre lui... et moi?

ÉVERARD.

Vous oubliez donc, mon cher fils, que je suis de la sainte compagnie de Jésus?

LE DUC.

J'adore l'auteur de mon être... je le révère... (*Il tombe à genoux; les autres, excepté le père Éverard, l'imitent.*) Jusque dans les malheurs... dont il lui a plu de me combler... je n'ai fait de mal... à personne... je pardonne... à ceux qui ont... rempli mes jours... si peu nombreux... de tant... de misère... et d'amertume... Dieu... me pardonnera également... et... je n'ai rien... rien à lui demander par votre entremise.

ÉVERARD.

Mais le bon exemple que vous devez aux autres, au peuple!

LE DUC, *au docteur.*

Vous voyez, je sais mourir... et vous avez eu tort de ne pas être sincère avec moi.   (*Il tombe anéanti.*)

FRANCIA.

Il expire!

PAOLO.

Malheur! malheur irréparable!

LE DOCTEUR, *qui le soutient aidé par Herman.*

La vie ne l'a pas encore abandonné.

ÉVERARD.

Dites-lui donc qu'il en consacre le reste...

HERMAN.

Il rouvre les yeux.

LE DUC.

Où suis-je? vous qui êtes auprès de moi et que mon œil n'aperçoit plus qu'à travers un voile; qui êtes-vous?

FRANCIA.

Il ne nous reconnaît plus.

HERMAN.

Ah! c'est mourir comme lui, mourir plus douloureusement que lui.

LE DUC, *qui les a écoutés.*

Mes Français! mes Français! (*Il les presse contre son cœur.*)

ÉVERARD.

Là, le voilà qui délire à présent!

LE DUC.

Mes amis... Où est Paolo?

PAOLO, *lui tendant la main.*

Me voici.

LE DUC, *unissant sa main à celle de Francia.*

Francia, qu'il soit ton époux, il est digne de toi. France... Italie... je vous unis. Ah! docteur, quel vertige me saisit! que le temps et la mort vont vite! Ah!

(*Il tombe accablé de nouveau.*)

LE DOCTEUR.

Impuissance de mon art!

LE DUC.

Le nuage s'éclaircit; Paolo, donnez... donnez... l'épée... de mon père.

LE DOCTEUR, *à Herman, tandis que Paolo va chercher l'épée.*

A vous, Herman, le dernier soin dont je vous ai chargé.

(*Herman disparaît un instant; on présente au duc l'épée; il se lève, la prend et la tire solennellement du fourreau; Herman rentre apportant le buste de Napoléon qu'il dépose sur la table; Francia le couronne de lauriers et d'immortelles; Paolo agite un drapeau tricolor au-dessus du buste.*)

LE DUC, *qui est resté un instant muet à ce spectacle.*

Ah! vos âmes ont compris la mienne. (*au buste en fléchissant le genou.*) Toi, Napoléon... Napoléon-le-Grand... mon père! tu vois... ton fils... mourant... en exil... à vingt et un ans... et il tient en ses mains... ton épée... ton épée! (*Il la baise en pleurant.*) Elle n'a ni prévenu, ni réparé mes malheurs. (*Il la brise après un grand effort qui l'épuise.*) Qu'aucune main ne la porte plus! il n'y a rien, rien de puissant au monde. (*Il tombe accablé de nouveau.*)

FRANCIA.

Il n'y a donc plus d'espoir!

(*On se groupe autour du duc qui saisit le drapeau et s'en enveloppe.*)

LE DUC.

Docteur... mes amis... que ce soit là mon linceul... Ah!

(*Il expire.*)

LE DOCTEUR.

C'en est fait; son âme vient de s'exhaler avec ce soupir douloureux et profond.

SCENE XVI.

LES MÊMES, WOLBACH.

WOLBACH, *du fond.*

Sa majesté l'empereur et roi, son altesse impériale et royale l'archiduchesse...

(*La toile tombe. Une foule de courtisans se groupent à la porte du fond.*)

FIN.

www.ingramcontent.com/pod-product-compliance
Lightning Source LLC
Chambersburg PA
CBHW060638050426
42451CB00012B/2654